A LA MÉMOIRE

DU LIEUTENANT

Fernand PRIOUX

DU 6ᵉ RÉGIMENT DE CHASSEURS D'AFRIQUE

Instructeur à la Mission Militaire Française au Maroc

TUÉ A L'ENNEMI A SEFROU

SEPTEMBRE 1911

PARIS

IMPRIMERIE - PAPETERIE A. NOUVIAN

96, Rue du Bac, 96

1911

A LA MÉMOIRE

DU LIEUTENANT

Fernand PRIOUX

DU 6ᵉ RÉGIMENT DE CHASSEURS D'AFRIQUE

Instructeur à la Mission Militaire Française au Maroc

TUÉ A L'ENNEMI A SEFROU

SEPTEMBRE 1911

PARIS

IMPRIMERIE - PAPETERIE A. NOUVIAN

96, Rue du Bac, 96

1911

Discours prononcé

par

Le Capitaine DE KERVÉNOAEL

du 6ᵉ Chasseurs d'Afrique

SALÉ, le 17 Octobre 1911.

Au nom du Colonel et des Officiers du 6ᵉ Chasseurs d'Afrique que j'ai l'honneur de représenter ici, je viens saluer les restes de notre camarade PRIOUX, mort au champ d'honneur, et répéter une fois encore l'affection et l'admiration que, tous, nous avions pour lui. La présence du régiment tout entier, de nombreux officiers des garnisons voisines et de la population de Mascara, au service célébré, le 5 Octobre dernier, en l'église de cette ville, pour le repos de son âme, a déjà donné la mesure des souvenirs qu'il a laissés parmi nous.

Caractère loyal et droit, cœur généreux, remarquablement intelligent, camarade charmant, aimant passionnément son métier, né pour commander et sachant obéir, d'une modestie exagérée, PRIOUX était une nature d'élite.

Sa supériorité ressortait si clairement qu'elle s'imposait sans jamais susciter ni envie ni jalousie.

Entré à Saint-Cyr avant dix-huit ans, Sous-lieutenant avant vingt, PRIOUX a été le plus jeune officier de sa promotion et il serait resté le plus jeune dans tous les grades si le temps lui en avait été laissé.

Après quatre années passées en France, le goût du métier militaire vrai, celui où les chances de faire campagne sont les plus nombreuses, l'amène sur la terre d'Afrique, dans la province d'Oran, au 6ᵉ Chasseurs.

J'ai déjà dit l'estime où il y était tenu par tous. Mais là, les occasions de se dévouer et de se sacrifier lui paraissent encore trop rares et trop lentes à venir. Attiré par ce Maroc, où il espère pouvoir travailler plus utilement pour la plus grande France, il demande la Mission Militaire à Fez et y est nommé au mois de Mars. Sa valeur ne va pas tarder à s'y montrer, et, par son froid courage, il étonne ses chefs et ses camarades, brillants officiers, ayant presque tous de nombreuses campagnes.

Cette carrière si bien commencée va se briser brusquement. En marchant vers Sefrou pour débloquer cette place, la mehalla, dont fait partie Prioux, est attaquée par un fort parti ennemi. Dès le début de l'action, il tombe traversé par une balle. En deux jours, la mort nous enlève notre camarade, qui meurt, sans souffrance, dans le calme et la sincérité de sa belle âme.

Élevé dans les traditions militaires les meilleures, fils d'un Père qui répond aux condoléances qui lui sont adressées cette parole héroïque : « J'ai quatre autres fils, tous officiers, et je suis prêt à les donner à mon pays », Prioux n'eut qu'un but : Servir la France ; il s'y consacra avec les magnifiques qualités qui étaient son partage, et, pour finir, il donna sa vie. En récompense d'une jeunesse si bien remplie et si généreusement sacrifiée, le Dieu des Armées lui a certainement ouvert le paradis des braves et accordé le repos éternel. Dormez en paix, Prioux ; Chasseurs du 6ᵉ, nous ne vous oublierons pas et nous nous efforcerons de suivre le noble exemple que vous nous laissez. Adieu !

Discours prononcé

par

Le Lieut.-Colonel JOUINOT-GAMBETTA

Commandant le 6ᵉ Régᵗ de Chasseurs d'Afrique

ORAN, le 21 Octobre 1911.

Venu de MASCARA avec huit Officiers du 6ᵉ Chasseurs d'Afrique, le Colonel JOUINOT GAMBETTA apporte à son ancien Lieutenant avant son départ pour la France de sa dépouille mortelle, le salut de tout son Régiment et celui de l'étendard aux trois couleurs dont les plis glorieux ont abrité pendant deux années la jeunesse si active, si joyeuse, si attirante du Lieutenant PRIOUX. Dans des paroles vibrantes d'émotion, le Colonel JOUINOT GAMBETTA rappelle ce que fut PRIOUX, un Camarade gai, loyal et bon. Soldat dans l'âme, il est mort en soldat. Regrettons le, Plaignons les siens, mais ne le plaignons pas, lui dont la vie fut si belle et la mort si digne d'envie. Adieu Lieutenant PRIOUX !

DISCOURS PRONONCÉ

PAR

Lieutenant-Colonel MANGIN

Chef de la Mission Militaire au Maroc

* * *

PARIS, (Notre-Dame-des-Victoires), le 4 Novembre 1911.

Au nom des Officiers et des Sous-Officiers de la Mission Militaire du MAROC, je viens dire un dernier adieu à notre camarade le Lieutenant FERNAND PRIOUX et je suis fier de l'honneur qui m'échoit de déposer sur son cercueil l'hommage suprême de ceux qui l'ont vu à l'œuvre et qui ont combattu à ses côtés.

Certes, on ne peut, sans une tristesse poignante, voir s'éteindre si tôt une jeune et précieuse existence ; mais c'est aussi une grande consolation de penser que la destinée a réservé à PRIOUX la mort la plus glorieuse pour un soldat : notre camarade est tombé sur le champ de bataille, face à l'ennemi, dans un jour de victoire, pour la cause sacrée de la France et pour celle de la Civilisation. Atteint d'une blessure qui ne pardonne pas, mais ayant conservé toute sa connaissance, il a regardé venir la mort sans une plainte, sans un regret, avec un stoïcisme calme et tranquille qui a provoqué l'admiration de tous, donnant ainsi jusqu'au dernier moment à ses camarades et à ses cavaliers Marocains le plus magnifique exemple d'énergie et de grandeur d'âme.

Affecté à la Mission Militaire du MAROC en Mars de cette année, le Lieutenant PRIOUX débarqua à TANGER au moment où une grave insurrection venait de couper toutes communications entre FEZ et la Côte ; impossible pour lui de rejoindre son poste et d'aller partager la bonne ou la mauvaise fortune de ses nouveaux camarades.

Cependant on organise à RABAT une colonne d'avant-garde en prévision d'une marche sur FEZ; des contingents Marocains s'y rassemblent : c'est pour PRIOUX l'occasion de sortir de cette inactivité qui lui pèse si lourdement.

Il obtient de partir pour RABAT; il y prend le commandement de deux cents cavaliers Marocains venus de MARRAKECH, rejoint l'avant-garde Française et reçoit le baptême du feu dans une chaude affaire où le chef indigène du Goum est tué à ses côtés.

Avec quelle vibrante émotion PRIOUX me contait cette action deux mois plus tard, quand il me rejoignit à FEZ! Le baptême du feu! Il l'avait reçu en marchant au secours de ses camarades encore inconnus de lui et bloqués sous les murs de la Capitale Chérifienne! Et à ce mémorable souvenir, la joie éclatait sur son visage et, dans ses yeux, brillaient encore les reflets de l'ardeur du combat.

Maintenu à FEZ, il procédait à l'organisation d'un nouvel escadron de cavalerie Chérifienne quand une sérieuse insurrection éclata dans les Tribus Berbères du Moyen Atlas. La garnison Marocaine de SEFROU est en danger; le Commandant BRÉMOND part aussitôt à son secours, PRIOUX l'accompagne comme chef de la cavalerie.

Le 11 Septembre, les troupes Chérifiennes campent à trois kilomètres au Sud de SEFROU quand les insurgés viennent les attaquer. Le Lieutenant PRIOUX reçoit ordre de porter sa cavalerie en arrière d'un flanc gravement menacé et de s'y tenir prêt à intervenir. Bientôt il a placé sa troupe à l'abri d'une crête, à proximité de l'infanterie qui toute entière est au feu. Il pousse de sa personne à la crête pour suivre des yeux les péripéties du combat et étudier le terrain sur lequel il va avoir à s'engager. A ce moment, une balle le frappe en pleine poitrine et le traverse de part en part. Il s'affaisse, ses cavaliers accourent, le soutiennent et le ramènent au camp. Le Docteur WEISGERBER lui prodigue ses soins. Hélas! la balle a brisé la colonne vertébrale, la blessure est mortelle, l'art est impuissant !

PRIOUX n'a pas une plainte ; il n'exprime aucun regret de quitter sitôt la vie. Calme et tranquille, il attend la mort et le 13 au matin, s'éteint doucement sans agonie.

La mémoire d'un si brave soldat vivra précieusement dans notre souvenir. Nous la perpétuerons au MAROC. Déjà, le fort construit aux abords de SEFROU porte le nom du Lieutenant FERNAND PRIOUX. Plus tard ,nous élèverons à notre regretté camarade, à l'endroit même où il est tombé, un monument dont la simplicité sera digne de lui et de son caractère : nous l'élèverons dès que la pacification du pays nous laissera espérer qu'il sera à l'abri de toute violation de la part de quelque fanatique Berbère.

Mais avant que le Lieutenant PRIOUX ne repose dans la terre de la Patrie, moi qui ai eu l'honneur d'être son chef et et qui l'ai accueilli sur la terre Marocaine, je viens au pied de ce cercueil lui rendre l'hommage plein de tristesse, mais aussi de fierté, qui est du à ceux qui sont tombés en braves, devant l'ennemi, pour l'honneur du Pays et du Drapeau.

Puissent les témoignages d'assurance du pieux souvenir que nous garderons à notre camarade apporter quelque adoucissement à la douleur d'une famille si profondément atteinte et à celle d'un père qui, après avoir consacré sa vie entière au service de son pays, a voué également à la Patrie celle de ses généreux enfants.

DISCOURS PRONONCÉ

PAR

M. REGNAULT

Ministre de France à TANGER

PARIS (Notre-Dame-des-Victoires), le 4 Novembre 1911.

Au nom du Ministère des Affaires Étrangères, au nom de MOULAY HAFID, représenté ici par son Excellence EL MOKRI, au nom de la Colonie Française du MAROC, et a son nom propre, M. REGNAULT, adresse un salut reconnaissant à la mémoire du Lieutenant PRIOUX. Il a sacrifié sa vie à la cause de son pays, de notre chère France pour laquelle il a vécu et pour laquelle il est mort. Son nom sera lié à jamais au souvenir de l'action française au Maroc. Puisse cette pensée apporter quelques adoucissements à la douleur de sa famille éprouvée par cette mort si glorieuse, mais en même temps si cruelle !

Discours prononcé

par

Le Contrôleur Général de l'Administration de l'Armée

M. JACOBÉE

PARIS (Notre-Dame-des-Victoires), le 4 Novembre 1911.

Mon Cher PRIOUX,

Au nom du corps du Contrôle de l'Administration de l'Armée, auquel vous avez fait si grand honneur au cours des vingt et un ans d'activité que vous lui avez consacrés, je viens, en faisant l'éloge de votre cher enfant, vous apporter le très vif témoignage de sympathie de tous nos collègues.

Mesdames, Messieurs,

L'éloge que j'entreprends de vous faire de M. le Lieutenant Fernand PRIOUX pourrait tenir entièrement dans les quelques mots qui vous ont convoqués ici, à Notre-Dame des Victoires, et qui possèdent à eux seuls le pouvoir de soulever tout ce que nos âmes peuvent éprouver de sentiments d'admiration et de respect :

Tué à l'ennemi !

Mais, en vérité, il y a dans cette victime de son héroïsme, quelque chose de plus qui vient ajouter à l'admiration et au respectueux hommage que lui vaut une mort glorieuse entre toutes : c'est l'étonnante beauté de sa vie et de la carrière qu'il a parcourue dans l'Armée. On dit que la

perfection n'est pas un attribut de notre pauvre humanité ;
mais comment pourrais-je alors définir exactement cet en-
semble de qualités naturelles ou acquises que réunissait en
lui le jeune Fernand, et à un degré si élevé — cette union
harmonieuse d'une âme sensible et bonne jusqu'à l'extrême
délicatesse, d'un cœur haut placé, enfin d'une intelligence
aussi vive que précoce, avec la force et la beauté physiques
qui faisaient de lui l'homme le plus accompli.

Ce n'est pas assez de vous rappeler les succès qu'il a
remportés partout dans ses études, au Lycée, à St-Cyr, à
Saumur, où, plus jeune que ses camarades de classe ou
d'armes, il les devance toujours et de beaucoup — ce n'est
pas assez de vous dire que son extrême modestie et le charme
de sa personne faisaient accepter tous ces succès par ses con-
disciples, et plus tard par ses frères d'armes, non pas seulement sans le moindre sentiment de jalousie, mais excitaient
au contraire chez eux une sincère admiration et une véritable
satisfaction de le voir à leur tête, parce qu'il était incontes-
tablement le plus digne. . . . . je voudrais aussi,
en toute simplicité, vous dire ce qui, de tout ce que je sais
de lui, m'a paru le plus touchant et le plus beau dans le cours
de sa vie : Enfant, collégien, homme enfin, pendant toute
son existence, il n'a jamais fait — entendez bien — non
seulement quoi que ce soit qui pût lui attirer un reproche
de ses parents, mais même quoi que ce soit qui put leur
déplaire. Ce témoignage que lui rendrait la meilleure des
mères, si Dieu ne l'avait déjà rappelée à lui, mais que lui
rendent son père, ses frères et ceux qui l'ont connu dans
l'intimité de la vie de famille, ne justifie-t-il pas à lui seul
ce mot de perfection que j'ai osé prononcer, parce que seul,
il me paraissait adéquat aux rares qualités de Fernand Prioux

Et maintenant, Messieurs, voyez comment se trouvent remplies les huit années de service que le jeune Officier a pu donner au pays :

Il entre à St-Cyr, à limite inférieure d'âge, avec le N° 12, et il en sort avec le N° 1 de la section de cavalerie. Après l'année règlementaire de Saumur, il débute au 18ᵉ Dragons à Melun où il devient Lieutenant le 1ᵉʳ Octobre 1907.

Cavalier vigoureux et habile écuyer, il remporte des succès remarquables aux Concours Hippiques de Paris pendant l'une et l'autre des deux années 1908 et 1909 qu'il passe au Régiment. Mais, dans la famille PRIOUX, suivant l'exemple paternel, on ne tient pas seulement à porter l'uniforme, on veut faire campagne, et quand on n'est pas dans l'Armée Coloniale, on cherche du moins toutes les occasions qui peuvent se trouver d'aller dans les endroits où l'on se bat. Le Lieutenant FERNAND demande une place en Algérie ; il est affecté au 6ᵉ Chasseurs d'Afrique, apprend l'arabe, et fort de cette science, il obtient, en Mars 1911, l'emploi d'Instructeur à la Mission Militaire du Maroc.

Il débarque à Casablanca au moment où s'organise la colonne de secours de FEZ. Avec le Lieutenant HARING, il recrute et instruit une méhalla chérifienne, il se multiplie et fait si bien, qu'avec la belle confiance de la jeunesse, il mène au feu des cavaliers qui avaient leurs chevaux et leurs armes juste depuis huit jours. Le Caïd est tué à ses côtés ; il remonte avec sa mehalla vers SOUK-EL-ARBA, assure la liaison avec le Capitaine MOREAUX et entre à FEZ peu de jours après la Colonne BRULARD.

A FEZ, il reçoit le commandement de deux tabors de cavalerie à mettre sur pied, tâche dont la difficulté lui fait craindre d'être immobilisé et de ne plus avoir à « marcher » d'assez longtemps. Mais ses désirs sont exaucés et il part de nouveau : il fait partie de la colonne qui a installé récemment à SEFROU le détachement du Lieutenant HUGOT DERVILLE ; c'est au cours des opérations effectuées pour maintenir et consolider l'installation de ce poste, qu'il tombe mortellement frappé par une balle.

J'ai dit tout à l'heure combien la vie de FERNAND PRIOUX avait été belle ; vous venez de voir combien elle a été remplie et tout ce qu'elle promettait. Si cruelle que soit la mort à 25 ans, ne faut-il pas cependant admirer en elle le couronnement, j'oserais presque dire la récompense d'une telle existence consacrée à l'accomplissement du devoir, au travail, à l'effort, vouée d'avance au suprême sacrifice, si telle était la volonté de Dieu. Cette mort trouvée si jeune, face à l'ennemi, sur le sol conquis au prix du sang, c'est la mort en beauté, la mort du soldat pour le drapeau, pour la France et pour quelque chose de plus grand encore, s'il est possible : car la France ne combat pas seulement pour elle au MAROC ; fidèle à ses traditions, c'est la cause de la civilisation et du progrès, ce sont les intérêts de l'humanité toute entière qu'elle soutient là bas contre le fanatisme et la barbarie.

Messieurs, FERNAND PRIOUX, avait déjà mérité de son vivant d'être donné au lycée JANSON de SAILLY comme le plus bel exemple à imiter par les jeunes générations qui le suivent. Il vient de mourir en héros. Son âme est pour toujours là haut, au séjour de lumière et de paix ; son souvenir restera gravé ici bas dans le cœur de tous ceux qui l'ont connu. Quelle pensée plus consolante pourrais-je invoquer pour adoucir les larmes et les regrets de son père, de ses frères, de ses amis !

Discours prononcé

par

Le Commandant MANTIN

Secrétaire Général de l'Union Amicale des Officiers Coloniaux

PARIS, (Notre-Dame-des-Victoires) le 4 Novembre 1911.

Près de deux mois ont passé depuis qu'une balle marocaine a tranché les jours du jeune héros dont nous entourons le cercueil.

Avec le temps qui calme les peines les plus amères, les larmes allaient se tarir, les cœurs sentir s'apaiser la douleur, mais un fils pieusement dévoué, un frère désolé de la mort de son frère, a voulu rapporter en FRANCE la dépouille glorieuse qu'il est allé ravir au sable marocain. Il a désiré, au prix des fatigues d'un long, dur et dangereux voyage que son père eût la consolation de recevoir les restes de son fils bien-aimé, et qu'ils pûssent reposer dans le tombeau familial, auprès de la mère qui attendait son enfant, et le cœur paternel s'est attendri de nouveau, et les frères et les sœurs du héros de SEFROU ont encore mêlé leurs larmes.

Je viens, au nom de la Réunion Amicale des Officiers coloniaux, comme son Secrétaire Général, adresser au fils de notre ami quelques paroles d'adieu simples et sincères comme ceux qui m'en ont confié le soin.

Lorsque nous parvint la nouvelle du combat de SEFROU, où le lieutenant F. PRIOUX avait reçu une blessure cruelle, j'adressai aussitôt à son père l'expression de notre peine avec nos vœux, hélas superflus, car le lendemain, ils se changeaient en douloureuses condoléances, lorsque j'eus appris la mort de son fils chéri.

Depuis, j'ai eu l'honneur de faire deux visites à notre ancien et bon camarade et, en mêlant mes larmes à celles de ce père, j'ai connu tous les faits se rattachant à la mort de son cher enfant. Plusieurs lettres qu'il a bien voulu me confier me permettront, en y puisant quelques passages, de mieux faire connaître la valeur de ce jeune et vaillant Officier si prématurément enlevé à la FRANCE et à la tendresse de sa famille.

Au Lycée JANSON DE SAILLY, où il fit toutes ses études d'une façon brillante, M. le Proviseur, lors de la récente distribution des prix, a salué avec émotion la mémoire du Lieutenant PRIOUX, en le donnant pour modèle aux élèves de la jeune génération.

A Saint-Cyr, où il entra dans la Section de Cavalerie, il se classa en tête et sortit le premier de son escadron.

Depuis lors, les notes de ses chefs n'ont cessé d'être très belles et de lui présager, grâce à ses qualités de toutes sortes, un avenir fort brillant.

Très aimé de ses subordonnés qu'il s'était appliqué à traiter avec une juste fermeté alliée à une grande douceur, il obtenait de tous un dévouement à toute épreuve. La lettre la plus ancienne est d'un Brigadier du 18ᵉ Régiment de Dragons que le Lieutenant PRIOUX venait de quitter à Melun. Il lui adressait ses vœux pour l'année qui commençait et, en lui exprimant les regrets de ceux qui auraient voulu le suivre au Maroc, il terminait par ces mots :

« Nous vous souhaitons tous, mon Lieutenant, une
« excellente santé dans ces dangereux pays et, en attendant

« que vous ayez achevé heureusement cette campagne
« et que nous vous ayons retrouvé parmi nous dans les
« plaines françaises, nous vous prions d'accepter avec tous
« nos souhaits, l'assurance de notre profonde reconnaissance.
« Votre ancien Brigadier, A. Maunet. »

J'extrais d'une lettre de M. le Colonel Hugot-Derville,
quelques lignes de ce que lui écrivait son fils présent à
Sefrou, le 11 Septembre, où il commandait le 2ᵉ tabor
d'Infanterie : « Le Commandant Brémond a ramassé ce qu'il
« a pu de l'armée régulière chérifienne et est venu à Sefrou
« le 9. Il a été attaqué le 10 et le 11, jour où mon cama-
« rade de la Cavalerie, Prioux, a été blessé grièvement.
« Comme j'avais une maison, je l'y ai fait transporter. »

Quelque cruelles que soient les lignes qui se rapportent
aux derniers moments du blessé, je veux les relire, dussent-
elles faire couler encore quelques larmes si méritées...

Le Lieutenant Hugot-Derville continue ainsi : « Fer-
« nand avait reçu une balle, dans l'estomac je pense, sortie
« trop près du milieu du dos pour n'avoir pas froissé la
« moëlle épinière. Tout le bas du corps fut paralysé ou
« insensible. Il avait toute sa tête et souffrait peu. Il est
« resté tout le 12 étendu sur mon lit de camp.

« Le 13 au matin, il avait toujours sa pleine connais-
« sance et ne souffrait pas. Le Docteur Weisgerber, corres-
« pondant du *Temps* et explorateur, ancien médecin militaire,
« seul praticien présent, ne m'a pas caché sa fin prochaine.

« J'ai rappelé alors à mon camarade qu'il était catho-
« lique et qu'il ferait bien de prier Dieu en tout état de
« cause.

« Peu après, il a commencé à délirer et, à 10 heures, il
« s'est éteint comme un enfant qui s'endort.

« J'ai dû lui faire confectionner un cercueil et l'enterrer
« le lendemain matin, près de la redoute qui sera appelée
« Fort FERNAND PRIOUX ». C'est lugubre de faire avec un
« Sous-Officier Français, enlever un camarade par des soldats
« marocains, sans Prêtre et sans autres prières au bord de la
« fosse qu'un *Pater* et un *De Profundis*, avec les honneurs
« rendus par des soldats musulmans !... »

Deux lettres du Maréchal des Logis BERNARD DE BRAUËR
à son père le Colonel de Cavalerie RODOLPHE DE BRAUËR,
donnent des détails identiques sur la mort du Lieutenant
PRIOUX ; il dit dans la dernière :

« Mon pauvre Lieutenant est mort hier matin de sa
« blessure. Je l'avais veillé dans la nuit du 11 et revu le 12
« à midi. Il souffrait si peu qu'il était persuadé de se voir
« remis sur pieds dans quelques jours. Il est mort tout dou-
« cement, sans s'en rendre compte... assurance consolante
« pour sa famille.

« Toute la mehalla est partie en reconnaissance. Je
« reste seul au camp avec la moitié de mon tabor pour aller
« enterrer tout à l'heure ce vaillant Officier que nous regret-
« tons tous profondément. »

Une autre lettre du Lieutenant DUTREUIL, du 6e Chasseurs d'Afrique, un de ses camarades, est bien touchante, et
je voudrais la lire toute ; elle est adressée au Père. C'étaient
deux amis dévoués. « Je savais, dit-il, quel amour fait de
« respect et d'une si grande reconnaissance il avait pour
« vous, qui en aviez fait un homme d'honneur, droit
« comme une épée.

« Je savais quelles qualités brillantes et profondes à la
« fois le mettaient si fort au-dessus de tous. C'était un de
« ces officiers qui s'imposent à leurs chefs, à leurs cama-

« rades et à leurs hommes, aussi bien par leurs qualités
« morales que par leurs dons physiques.

« Par le même courrier qui m'apportait la fatale nou-
« velle, je recevait une lettre de lui, datée du 8 Septembre,
« écrite entre ses deux expéditions à SEFROU. Après m'avoir
« dit son bel enthousiasme de faire évoluer ses deux tabors,
« il ajoutait :

« — J'ai retrouvé ma belle et orgueilleuse tranquillité
« d'âme de Tiaret. »

« Car son orgueil, à lui, c'était d'être heureux de tout
« et partout. Sa bonté, sa jeunesse, son entrain, le faisaient
« aimer de tous.

« Je ne lui connaissais pas d'ennemis, et, chose plus
« rare, pas d'envieux. Il savait se faire pardonner tant de
« qualités qui auraient dû l'exposer à bien des jalousies, par
« une modestie profonde et sincère que seul peut posséder
« un être vraiment supérieur.

« Je me souviens qu'un jour, à KÉNITRA, comme mon
« amitié s'inquiétait de le voir vivre et combattre au mi-
« lieu de soldats moins sûrs peut-être que ses ennemis, il me
« répondit : « N'aie pas peur, je suis très prudent. » Ce
« qu'il ne disait pas et que j'ai su depuis, c'est que, deux
« jours auparavant, lorsqu'il avait entendu pour la première
« fois la musique des balles, apprenant que les goums par-
« taient à la poursuite des assaillants, PRIOUX s'était jeté
« sur son cheval, à peine vêtu, en pleine nuit, et, à la tête
« de 30 cavaliers ramassés la veille dans les rues de RABAT,
« tous montés sur des chevaux, à peine dressés, il avait
« fait, avec les goums, une course héroïque, à qui arriverait
« le premier à l'ennemi !

« Et ce fut là son baptême du feu. Ce camarade et ce

« chef, nous le perdons à 25 ans, dans toute la belle force
« de sa jeunesse si active.

« La mort implacable l'arrache à notre affection, mais,
« elle-même, n'a osé l'approcher qu'avec tout le respect
« qu'il lui imposait. Il a eu la seule mort qui fût digne de
« lui. Il est assis à la droite du Père parmi ceux qui sont
« tombés pour la France !

« Ce n'est pas une des ces morts qui découragent...,
« mais une de celles que l'on venge... »

Mon jeune et bel officier, grâce à votre frère RENÉ,
vous dormirez sur le sol de votre patrie. Vous savez au prix
de quelles fatigues, de quels dangers il a pu ramener votre
chère dépouille à la côte. Après l'avoir dérobée à l'ennemi,
il a fallu lui faire franchir une barre souvent dangereuse...
Et ce voyage a duré près d'un mois sous le soleil brûlant et
dans le sable aride. Aujourd'hui, vos parents, vos amis, vos
admirateurs vous entourent.

Vous reposez sous les couleurs de notre noble drapeau,
les fleurs vous cachent à nos yeux, mais notre respect vous
enveloppe.

— J'ai dit de vous tout ce que je savais et n'ai rien à
ajouter à la gloire de votre mort de soldat, si digne d'envie.
Bien que courte, votre vie a été noblement remplie, et, toujours et partout, vous avez fait votre devoir. Le Très Haut,
dont les desseins sont pour nous impénétrables, n'a pas
voulu prolonger vos jours, et si l'épreuve est cruelle pour
ceux qui vous pleurent, ils doivent courber la tête devant
cette volonté toute-puissante.

Mon cher Contrôleur Général et ami, vos jours d'an-
goisse sont passés, votre courageux fils vous a rapporté le
corps du jeune héros, votre FERNAND bien aimé, vos larmes
maintenant seront plus douces.

Le lieu où tomba glorieusement le jeune officier à la tête de son tabor s'appellera « Le fort FERNAND PRIOUX. » Votre nom et celui de la belle lignée à laquelle vous léguerez vos nobles qualités d'homme et de soldat est là-bas à jamais immortalisé.

Puisse cette terre marocaine, arrosée de son sang, devenir bien française, et n'être jamais cédée à quelque voisin envieux et injuste ! Vous aurez le droit, vous et vos fils, de mesurer votre place dans l'histoire de cette conquête à la dimension de l'héroïsme accompli.

Au nom des officiers coloniaux, je dis au lieutenant PRIOUX, adieu, à vous et à vos enfants : Honneur et courage ! Soyez fiers de votre fils, de votre frère, car, selon la parole du poète latin :

Mortem accepit sine timore pro Patria !

Discours prononcé

en chaire

par

Monseigneur MEUNIER, Évêque d'Évreux

BERNAY, (Église Ste-Croix), le 6 Novembre 1911.

Messieurs,

Mes bien chers Frères,

Ma place, aujourd'hui, durant cette funèbre et touchante cérémonie, était au milieu de vous pour unir mes regrets et mes larmes aux vôtres, et surtout pour partager le noble tressaillement de patriotisme qui vous étreint devant les restes vénérés de ce héros de vingt-cinq ans que nous saluons au nom de la France tout entière.

N'attendez pas de moi, Messieurs, que j'entreprenne devant vous le récit de cette vie si pleine et si tôt terminée, qui réalise, en toute vérité, la parole de nos livres saints : « Consommatus in brevi, explevit tempora multa ». Ce jeune et valeureux officier a terminé bien vite, hélas ! sa course sur la terre, mais il a grandement et glorieusement rempli sa vie. D'autres voix, plus autorisées que la mienne, vont se faire entendre tout à l'heure pour vous redire la vaillance de cette vie et de cette mort et déposer de suprêmes hommages sur cette dépouille mortelle que nous avons reçue avec l'émotion de la plus profonde reconnaissance, et devant laquelle tous, habitants de ce diocèse et de cette ville de

Bernay, nous nous inclinons comme devant un dépôt sacré de la Patrie.

Je me contenterai de vous dire, Messieurs et mes bien chers Frères, la grande part que je prends au cruel deuil que je lis dans vos yeux pleins de larmes et de chanter les espérances chrétiennes que nous inspire la mort héroïque et chrétienne de M. Fernand Prioux, Lieutenant au 6ᵉ Régiment de Chasseurs d'Afrique, Instructeur à la Mission Militaire Française au Maroc, mort au champ d'honneur.

. . . .

Monseigneur Meunier retrace alors la carrière africaine du défunt, puis, montrant de la main une petite croix de bois et de branchages enveloppée d'un ruban tricolore qui, depuis Sefrou, accompagne le cercueil, il ajoute :

Voyez-vous cette humble croix de bois que je ne puis regarder sans un émotion profonde ? Ce sont ses camarades de combat qui l'ont plantée sur sa tombe fraîchement fermée. Et pour bien montrer que là dormait un héros, un chrétien et un martyr, à cette croix ils ont attaché une palme !

Petite croix pauvre et humble, je te salue avec tout le respect de l'Evêque et tout l'amour du Français, parce que tu as porté au Maroc le nom glorieux d'un de nos officiers et le nom béni de notre Dieu. Tu es à la place d'honneur, au chevet de ce cercueil, et nous t'adressons nos saluts et nos plus tendres hommages.

Et je termine, mes bien chers Frères, par ces paroles de notre sainte liturgie : *Requiem æternam dona ei Domine.*

Ah ! bien cher Lieutenant Prioux, reposez en paix dans cette tombe, à l'ombre de cette croix qui est le symbole et le gage des glorieuses résurrections !

Discours prononcé

par

Le Lieutenant-Colonel HÉRIOT

Commandant d'Armes

———

BERNAY, le 6 Novembre 1911.

Pour honorer la mémoire du Lieutenant Prioux, tué à l'ennemi, et donner à sa Famille une grande marque de sympathie ainsi que l'expression de la part prise par le Gouvernement au deuil cruel qui vient de la frapper, MM. les Ministres des Affaires Etrangères et de la Guerre ont tenu à se faire représenter au Service religieux célébré, il y a deux jours, à Paris.

C'est dans la même pensée que M. le Gal Valabrègue, Commandant le 3e Corps d'Armée, a bien voulu me charger de le représenter aujourd'hui.

A Paris, des voix beaucoup plus qualifiées que la mienne se sont fait entendre devant le cercueil contenant le corps de notre glorieux camarade.

Cependant, je ne veux pas laisser se refermer pour toujours cette tombe si prématurément ouverte, sans dire un suprême adieu à celui que nous venons d'accompagner à sa demeure dernière.

Et, à défaut d'autorité et d'éloquence,, je puis au moins lui apporter toute ma sincère émotion et tout mon cœur.

D'une famille essentiellement, passionnément militaire, élevé dans le culte de l'Armée et de toutes les nobles vertus qui font sa force et sa grandeur, FERNAND PRIOUX ne pouvait pas ne pas embrasser la carrière des armes.

La route lui avait été brillament tracée par son père, arrivé au plus haut sommet de la hiérarchie militaire, par ses deux frères aînés et lui-même la montrera à son plus jeune frère.

Sorti de St-Cyr le premier de l'arme de la Cavalerie, Officier avant vingt ans, la vie s'ouvrait devant lui pleine des plus belles promesses d'avenir.

Il était de la race des ardents, des entreprenants, des audacieux. Aussi, après avoir passé trois ans au 18ᵉ Dragons, est-il attiré vers l'ALGÉRIE, cette terre classique de l'Armée, où il sent bien que plus qu'ailleurs, il trouvera un aliment pour ses qualités guerrières.

Et, dans cette Algérie, c'est le 6ᵉ Chasseurs d'Afrique qu'il demande, le Régiment le plus voisin de la frontière du Maroc, là où il a le plus de chances de voir se réaliser son ardent désir de prendre part à des campagnes de guerre.

Ce désir est, d'ailleurs, commun à tous les siens, et c'est ainsi que dans cette admirable famille de soldats, on trouve, en même temps, quatre frères officiers, deux dans l'Armée Coloniale, deux dans l'Armée d'Afrique.

Mais, bientôt, l'ALGÉRIE ne suffit plus à ses aspirations, et il obtient d'être détaché à la Mission Militaire Française chargée d'organiser et d'instruire les troupes marocaines.

Bien jeune encore, il devient ainsi un des pionniers de la grande entreprise civilisatrice que, depuis plus de quatre-vingts ans, la Mère Patrie poursuit dans l'Afrique du Nord.

C'est à ce poste d'honneur, à ce poste d'avant-garde qu'il prend part aux opérations d'EL-KENITRA, dont le but est de débloquer la Ville de FEZ.

Il passe ensuite trois mois à FEZ, à instruire les cavaliers marocains et il prend part, le 11 Septembre dernier, près de SEFROU, avec la mehalla du Commandant BRÉMOND, à un combat acharné où le succès est chèrement payé par six tués et dix blessés.

C'est là, qu'à la tête ce ses cavaliers, il est atteint d'une balle en pleine poitrine. Frappé mortellement, il expirait deux jours plus tard, le 13 Septembre, à SEFROU, ayant jusqu'au dernier moment gardé toute sa connaissance et conservé l'espoir d'une guérison rapide.

C'est avec une émotion profonde que je m'incline devant la dépouille mortelle de cet enfant de France qui, à l'aurore de la vie — il n'avait que vingt-cinq ans — a trouvé au champ d'honneur une mort glorieuse.

Comme le Commandant ROUMENS, les Capitaines LABORDETTE et PETITJEAN, les Lieutenants MARCHAND et MONOD, le Médecin-major AUVERT et tant d'autres plus obscurs, il a arrosé de son sang jeune et généreux ce sol marocain qui, grâce aux efforts et au sacrifice de tous ces braves, sera bientôt une terre française !

Comme eux, il est allé au devant du danger, sans arrière pensée, le front haut, la poitrine découverte, offrant sa vie pour le Drapeau sacré, pour la plus grande France, pour la cause sublime de la civilisation et du progrès !

Honneur à lui !

Puisse le souvenir de cette mort digne du soldat de race qu'il était, puissent les nombreuses marques de sympathie qui leur ont été déjà adressées et qui leur sont données ici, adoucir le cruel chagrin de tous les siens, à qui nous offrons nos condoléances sincères, respectueuses et attristées !

Lieutenant Prioux ! Au nom du Général Commandant

le 3ᵉ Corps d'Armée, au nom des Officiers de la garnison de BERNAY, au nom de tous ceux qui, dans ce pays, représentent la grande famille militaire, je salue ta mémoire et, avec tout mon cœur, je te dis :

Jeune et valeureux camarade, repose en paix dans cette terre Normande, dans cette cité Bernayenne où l'on conserve si vivace le souvenir de ceux qui sont morts pour la Patrie !

DISCOURS PRONONCÉ

PAR

Le Lieutenant-Colonel COUDRIET

Président du Comité de BERNAY du " Souvenir Français "

----•ı•----

BERNAY, le 6 Novembre 1911.

La Société du *Souvenir Français*, représentée par son Comité de BERNAY, a l'honneur de déposer une couronne sur cette tombe prématurément ouverte et de saluer, avec une patriotique émotion, la mémoire de celui qui fut le Lieutenant PRIOUX, atteint mortellement, en conduisant à la charge ses deux escadrons de cavaliers marocains de la mission française par une balle dans la poitrine qui lui ouvrit, du même coup, les portes de la Légion d'honneur et celles de l'Immortalité !

Voici, du reste, ses services :

Le 1er Octobre 1903, le jeune FERNAND PRIOUX, bien préparé physiquement, moralement et intellectuellement, entrait à l'École spéciale militaire de St-Cyr avec le N° 12 sur plus de 310 élèves. Il en sortait le 1er Octobre 1905, ayant moins de vingt ans, parmi les premiers numéros de sa promotion et le premier des 78 Sous-Lieutenants provenant de la section de cavalerie. Il était affecté à l'arme des dragons.

Très bien doué sous tous les rapports, travailleur intelligent et actif, remarquablement trempé au physique et au moral, et animé de sentiments élevés, M. le Sous-Lieutenant

Prioux pouvait, à juste titre, être considéré comme un Officier du plus brillant avenir.

Comme Lieutenant, il demande la cavalerie d'Algérie et passe au 6e Régiment de Chasseurs d'Afrique où il se livre avec ardeur, à l'étude de la langue arabe.

En Mars 1911, il a l'honneur d'être désigné pour être détaché à la Mission militaire Française au Maroc.

Débarqué à Tanger, il y apprend que la route de Fez est coupée ; il se réembarque aussitôt à destination de Casablanca où il arrive au moment de la formation de la colonne de secours.

Chargé alors de participer à l'organisation d'une méhalla chérifienne, il obtient, après huit jours d'organisation et de dressage, les meilleurs résultats soit dans les marches, soit dans les rencontres avec l'ennemi.

Employée d'abord à éclairer la colonne dans sa marche de Rabat sur Fez, cette méhalla est ensuite désignée pour relier, dans la direction de Souk-el-Arba, la colonne de secours se rabattant sur Fez, avec le détachement du Capitaine Moreaux opérant sur la route de Fez à Tanger.

Arrivé à Fez quelques jours après la colonne Brulard, M. le Lieutenant Prioux est investi du commandement de deux tabors de cavalerie qu'il sait, en véritable chef, dresser, instruire et conduire brillamment au combat dans toutes les opérations aux environs de Fez.

Le 7 Septembre, en rentrant dans cette ville venant de Sefrou où un poste avait été installé, il écrit à son père bien-aimé :

« … Mes deux escadrons ont bien marché, je rentre
« à Fez n'ayant laissé en route ni un homme, ni un cheval. »

Cette phrase si simple en apparence, mais si éloquente

et si émouvante à la fois, exprime dans toute son ampleur, au milieu de fatigues, de privations et de difficultés de toutes sortes, l'état d'âme de ce conducteur d'hommes ; elle fait ressortir en outre, la satisfaction la plus grande que puisse éprouver un vrai chef de troupe !

Le 10 Septembre, il arrivait de nouveau devant SEFROU et écrivait : « J'ai fait l'avant-garde ces deux jours avec mon « demi-régiment et j'en suis très satisfait. Je n'ai pas eu un « coup de fusil à tirer, les Marocains ennemis ayant gagné « la montagne. »

C'était, hélas ! la dernière lettre qui devait parvenir de lui au foyer paternel ; car, le lendemain 11 Septembre, pendant qu'il chargeait les dissidents à la tête de ses 300 cavaliers Marocains, une balle arrêtait dans son triomphe ce vigoureux et audacieux chef de Cavalerie de 25 ans !

Recueilli dans le modeste logis du Lieutenant Français, commandant le détachement à SEFROU, il y fut l'objet de soins dévoués, mais forcément rudimentaires.

Après deux jours de souffrances stoïquement supportés et, pendant que les trois ou quatre Européens (Officiers et Sous-Officiers) prenaient part aux différents combats livrés autour de la Ville, lui expirait, en soldat héroïque, en martyr, en Chrétien résigné et en héros, donnant ainsi à tous un admirable exemple de mâle énergie.

Telle fut la vie, aussi courte que patriotiquement remplie de M. le Lieutenant PRIOUX.

Aujourd'hui, si nous pleurons devant sa dépouille mortelle tombée face à l'ennemi, pour l'honneur du Drapeau et pour la grandeur de la Patrie, nous n'en saluons pas moins avec fierté, nous les vaincus de 1870, la mémoire de ce jeune, vaillant et intrépide officier, dont la gloire rejaillit sur cette belle famille de soldats en deuil et sur l'Armée.

Quand à son âme, emportée vers les régions plus calmes de l'Immortalité, elle intercédera auprès de Dieu pour la France, et aussi pour obtenir les consolations nécessaires à ce Père éploré et à cette Famille si cruellement éprouvée, devant laquelle nous nous inclinons avec respect, en leur souhaitant en outre de trouver, dans les témoignages de sympathie qui leur viennent de toutes parts ainsi que de cette nombreuse assistance, une atténuation à leur immense douleur.

Maintenant, mon cher Lieutenant, dormez en paix votre dernier sommeil, auprès de votre bonne et tendre mère.